V. 349.

9162.

4108

LES CINQ RANGS DE
L'ARCHITECTVRE,
A SCAVOIR,
TVSCANE, DORIQVE, IONIQVE, CORINTHIAQVE, ET COMPOSEE,
AVEC L'INSTRVCTION FONDAMENTALE,
FAICTE PAR HENRY HONDIVS.

Avec encores quelques belles ordonnances d'Architecture, mises en perspective, Inventees par Iean Vredeman Frison, & son fils, & taillees par le dit H. Hondius, de nouveau reveues & corrigees, Fort serviables & vtiles, pour la fortification & autres vsages.

A AMSTERDAM
Chez Iean Ianson Marchand libraire.
l'An, 1617.

Preface au Lecteur.

AFin que quelque imaginacion (ami Lecteur) ne t'empesche de trop grand labeur & peine pour venir a ceste Simmetrie de l'Architecture, par la consideration (comme plusieurs pensent) que l'on se sert en ce temps moderne d'ouvrages beaucoup plus gentils & artificieux, que l'on souloit faire du temps passé, Et la dessus en y prenant si peu de courage, on laisse souvent en arriere, ce qu'autrement seroit aisé a recouvrer, & l'on quitte par vne si doubteuse opinion la practique d'vne science de si grande importance. Adonques pour te delivrer de telle impression, il faut (di-je) regarder ce que nos ancestres ont fait en cest endroict, ainsi cōme l'on peut lire & Diodore Sicilien en plusieurs autres de l'antiquité comme de ceux de Babylone, qui avoyent des fruitiers & jardins si hault eslevez par dessus la terre, qu'ils pouvoyent offusquer la lumiere de la ville. Et non seulement cecy, mais vne ville entiere laquelle Busiris feit bastir, ou il y avoit 150. stades de circuit, comprenant 150. escuyeries, chasque escuyerie de telle grandeur que l'on y pouvoit loger dedans 200. chevaux, & par dessus cela cent portes, l'espaisseur des murailles estoit de 24. pieds, avec des ornemens exquis & admirables, ainsi que Plinius tesmoigne. Ledit Pline fait aussi vne descriptiō du sepulcre d'Amase, la ou il y avoit trois Piramides lesquelles furent faictes dans l'espace de quatre vingts & huict ans & trois mois, à l'ouvrage de la premiere estoyent employez 36000. hommes, qui la paracheverent dans vingt ans, laquelle estoit large au dessous de chasque quarrure 883. pieds, & en haut au sommet ou à la poincte 15. pieds. La seconde estoit large 737. pieds. La troisiesme estoit (ce dit il) plus petite, mais beaucoup plus exquise. La largeur d'icelle estoit 363. pieds & estoit faite sinement, qu'il n'y avoit point à remarquer de traces de la joincture ou liaisō des pierres, &c. Item ledit Pline chap. 13. raconte des Labyrinthes, vne Histoire fort notable, c'est à sçavoir, qu'il y avoit le premier & le plus admirable en Egypte, a l'imitation & exemple duquel Dedalus feit faire le second labyrinthe en Candie, mais il n'estoit a paragonner nullement avec le premier, car icy il n'y avoit nō seulemēt des allees innombrables, pour faire desvoyer les hommes, mais aussi plusieurs portes & huis, desquelles chascune estoit vn Labyrinthe. Le troizieme fut fait en Lemnos, le quatriesme en Italie, Mais de celuy de Candie & Italie (ce dit il) n'y a plus trace aucune. Item parmi les grands ouvrages des Grecqs en Halicarnasse il y avoit le Mausole l'vn des sept merveilles du monde. le mesme Pline tesmoigne que le dit Mausole avoit 36. colonnes, Mais C. Cesarianus dit d'avoir eu d'vn homme Greq l'Ichnographie de cest ouvrage, estant figuree avec vn haure demi rond, d'ou l'on voyoit le grand & excellent palais du Roy Mausolé, ayant au dessus sur le colosse nomme Acrolithon, &c. Item en Asie il y avoit le grand & fameux Temple de Diane Ephesienne, Actor. Chap. 19. lequel Temple fut parachevé dans 200. ans, par les habitans de toute l'Asie. Il fut basti par ce tres fameux Architecte Ctesiphon, & Vitruve dit qu'il fut fait par ce Cnesius & Melagine son Fils, & fut parachevé par Demetrius. Ce Temple estoit long de 425. pieds, & large de 220. pieds: de colomnes y en avoit en nombre 127. chasque colomne fut donnee par vn Roy a part, de ces colomnes il y en avoit 36. taillees comme a Rome sont les colomnes d'Antoine, d'Adrian & de Trayan Augustes, mais l'vne d'celles estoit de Scopas, excellente par dessus toutes les autres. En somme si je debvois ramentevoir la belle structure de la ville de Troye, du Temple de Ste. Sophie, & les Mosquees de Constātinople, le Pantheon à Rome, les obelisques, esguilles, Piramides, Sepultures, & semblables monumens de la venerable antiquité, le temps me defaudroit. Veu qu' encor au jourdhuy les villes d'Asie cōme Cambala, Cathay, Singui ayant en son circuit soixante lieues comme tesmoigne M. Paul. & la ville de Quinsay ayant en sa circonference 100. lieues de passage, en la quelle se trouvent 12. mille ponts de pierre, Item Temixtitan & de ses Palais & Temples, ainsi qu'en a escrit Fern. Cortesius, lesquelles estants aussi bien consideres comme celles que nos Ancestres ont fait bastir & eriger, il ne semble point qu'il y ait chose au monde laquelle nous pourroit retirer de la speculariō ou faire perdre l'envie d'estudier en icelle.   Et n'ay voulu tascher rien autre par cest eschantillon de memoire, si non d'esveiller vn peu les esprits endormis, a l'estude de l'Architecture. Car si l'on veut considerer & mirer au dedans d'icelle, les merveilleux effects dont tout le monde est plein & rempli de memoires, il nous faudra confesser par ensemble, que cecy n'a point esté deduict si avant par des gens oysifs & lanterneurs, qui ne font que se pourmener sur leurs pātoufles, manger & boire, comme si tout leur venoit en dormant. Mais cecy a esté produict par les vaillans robustes & illustres personnages douez d'vn entendement divin en la science de l'Architecture, & acquis par vne soigneuse recherche & vigilance infatigable. Par ainsi je veux a vostre discretion recommander cest ouvrage, esperāt que cestuy nostre labeur precieux sera de plusieurs pris en gré, & on verra dedans l'ordre des cinq colomnes, & leurs ornemens selon la Symmetrie del' Architecture, asçavoir, Toscane, Dorique, Ionique Corinthiaque, & Composee. Item par dessus cela encor divers beaux & magnifiques bastimens d'icelle Architecture, posez en Perspective, qui ont este inventez par le fameux IEAN VREDEMAN FRISON, par l'espace de 40. ans, ayant continuellement travaillé en ceste science, qu'il s'est acquis dans icelle vn nom immortel, auquel vn chascun doibt aspirer, pour l'honeur de la vertu, qu'on y peut acquerir par ce moyen, joint le profit & l'vtilité, laquelle nous en provient. Adieu soyez. A la Haye ce 30. d'Aougst. 1616.

De l'Architecture, quelle science elle est, & de la doctrine des Architectes.

Rchitecture, c'est a dire, souveraine maistrise de bastir, ou (comme dit *Cesarien*) la science de l'Architecte, est ornee de plusieurs sciences & arts, par le jugement de la quelle comme d'vne sentence & reigle, les ouvrages produicts par autres sciences sont esprouvez, & icelle est sortante de la maniere de bastir & disposer par bon ordre, laquelle vient par vne imitation inveteree & mise en coustume, & icelle est effectuee par les mains, quand on fait quelque chose de quelque matiere que ce soit, la disposition est vne adresse par laquelle on peut comprendre les choses basties, donnant raison de la proprieté d'icelles. Et pourtant il est advenu que les Architectes qui ont travaillé sans doctrine pour devenir maistres de l'ouvrage des mains, n'ont sceu acquerir grande renommee: aussi ceux qui se sont fondez sur les raisons & escrips, il semble qu'ils ont suivi l'ombrage sans avoir attainct a la verité de la chose, mais ceux qui ont appris l'vn & l'autre, estants bien munis, dans peu de temps ont acquis ceste reputation d'estre venus a bout de leur entreprise. Et parainsi il est necessaire d'en avoir l'instruction pour y atteindre, & l'intelligence pour apprendre ces enseignemens. A ceste raison dit Vitruve il faut qu'vn bon Architecte soit homme lettré & sçavant, & qu'il puisse tirer du pinceau & depeindre les choses qui luy viennent au devant. il y adjouste encor la Geometrie, l'Optique & l'Arithmetique, la cognoissance de plusieurs Histoires, de la Philosophie, de la Musique, & de la Medecine. il faut aussi qu'il sçache le droict du pays, & l'Astrologie. Et pour raisons de son dire, il dit, quand vn homme est docte il peut renforcer sa memoire par les livres, & par le pinceau il peut monstrer & mettre devant les yeux ce qu'il veut faire. La Geometrie enseigne le maniement & vsage du cercle, de la reigle & du compas, fort vtile aux structures & bastimens. L'art l'Optique ou Perspective a introduicte la lumiere dans les maisons, par certains coings & reflexions. Par l'Arithmetique on fait la calculation des despens & des mesures, semblablement par la Geometrie on trouve la decision selon la raison sur les difficultez des disputes de la Symmetrie. il faut aussi qu'il soit experimenté en plusieurs Histoires, car touchant les ornemens, il luy en faudroit rendre compte, comme si quelqu'vn faisoit faire des images ou statues de femmes accoustrees a la Sarienne, lesquelles on nomme Cariatides, les posant pour piliers dans quelque ouvrage, y adjoignant par dessus des Mutilas & Coronides, il respondra au demandant, que Carie est vne ville au Peloponese & s'estant renduë du costé des Perses, qui estoyent la partie contraire des Grecqs, & comme il estoit advenu que les Grecqs eurent le dessus contre les Perseans, ils se sont ruez sur la ville de Carie & s'estants rendus maistres d'icelle, y ont tué les Hommes, emmenans les femmes en captivité pour leurs esclaves, & ne voulurent laisser aux dites femmes leurs ornemens, ny leurs vestemens, afin que leur triomphe fut d'autant plus illustre, & partant il est advenu que les principaulx maistres Architectes ont fait ordinairement en leur bastimens telle posture des femmes, portans le faix des maisons, affin que l'on auroit tousiours souvenance de leur punition.

Le mesme feirent ceux de Lacedemoine, quand par vne petite force ils avoyent occis vn grand nombre de Perseans, ils en feirent leur triomphe bastissans vne Gallerie, pour seruir de perpetuelle memoire, y mettans dedans les Figures des prisonniers en habits estranges, les appropriant pour soustenir le toict, & quasi comme s'ils portoyent sur leurs espaules la charge de la pesanteur du bastiment, pourquoy ils furent crainds de leurs ennemis, & leurs citoyens par l'aspect d'icelles furent stimulez & esguillonez tant plus vivement pour defendre leur liberté. Et ensuivant cest exemple il y en a plusieurs qui apres la victoire de Pausanias y ont mis & posé des Figures de la nation Perseane, & fait dessus des Epistiles & des Coronides en y entrelassant vne Phrise ornee des bagues & joyaux precieux qui furent butinez, comme des couppes, tasses, chaines, patenostres, qui furent en vsage commun aupres des payens, & dessoubs les pieds ils y mirent puis apres des Stilobates, esquels on engravoit leur tiltre. De telles Histoires il y en a d'avantage, lesquelles vn Architecte doit sçavoir. Et touchant la Philosophie, elle fait qu'il n'en devient glorieux, mais affable, familier, droicturier, fidelle, sans avarice. Car sans foy & loyauté, il ne se peut faire syncerement aucun ouvrage. Il apprend par icelle aussi à cognoistre le naturel de toutes choses. Il y a beaucoup de questions necessaires, comme aussi en la conduicte des eaux leurs cours & destours es planures, tantost en vne maniere, tantost en vne autre, se derivants les projects des esprits vitaulx, auquel affaire nul ne peut aider sinon celuy qui entend la physique & les sources & commencements originaux des choses. Et quiconque lira Ctesebe ou Archimede, ou ce que les autres ont escrit d'eux, il ne les pourra entendre sans la Philosophie. Item la Musique, la maniere de laquelle souloit produire des Balistes & Scorpions, comme aussi les tons es Theatres, combien que cela n'est plus en vsage chez nous, mais au lieu de cecy nous avons trouvé la maniere de fondre les cloches & faire des Orgues, &c. Qui est vn art particulier. Et par la Medecine les constellations du ciel, en Greq Climats, le jugement des places qui ont vn air salubre ou pestilential, & aussi l'vsage des eaux, pour recognoistre & choisir les habitations comodes. Item il faut qu'il sache aussi les droicts des communs Edifices, comme les limitrophes & partages des heritages, les lumieres des maisons, les esgouts des eaux, affin que n'ayant fait sinon avec prudence & discretion son ouvrage il ne laisse en peine le maitre de la maison, a cause des grands frais & despens inutiles. De l'Astronomie on cognoist les 4. vents Oost, VVest, Zuydt, Nordt, les raisons des influences du ciel, l'equinoctial, les solstices, les cours des estoiles, car qui n'en a cognoissance, il ne peut nullement entendre les raisons comment se doivent faire les horologes, quadrants & compas solaires, ainsi que souvent il s'en faudra seruir a aucuns edifices. Partant vn excellent Architecte, ne presumera pas si tost de soy mesme d'estre parfait en son art, si ce n'est que preallablement il se soit par vne longue experience acquis ceste habitude. Venans donques a nostre matiere de l'Architecture laquelle est constituee de ses ordonnances & dispositions, & de l'eurithmie ou aptitude des Symmetries, decorations & ornemens bien seans & de leurs distributions bien propres, les especes de ces dispositions appellees en Greq Idees, sont trois: a savoir l'Ichnographie, l'Orthographie & Scenographie. L'Ichnographie est vn vsage du cercle & de la reigle es plattes formes, ou fondemens des Edifices. L'Orthographie est vne veue directement en hault au devant, ou au frontispice, tiree par mesure hors de l'Ichnographie en vne Figure de l'ouvrage futur. Scenographie vient au devant & au costé sur le centre avec ses lineemens. Eurithmie est en somme quand toutes les parties de l'ouvrage s'accordent & conviennent par ensemble, comme la haulteur avec la largeur & la largeur avec la longueur, s'accordans en proportion ou Symmetrie. La Symmetrie est vne esgale conformité de toutes les pieces de l'ouvrage, quand chasque piece de l'ouvrage total aura sa certaine mesure, comme dans le corps humain, de la coudee, du pied, de la paulme, du doigt, il y a vne Symmetrie, ainsi il y en a aussi en la perfection de l'ouvrage. Ainsi on trouve es maisons sainctes, dans les Temples & anciennes Eglises, que de la grosseur ou espaisseur des colomnes est a recueillir le reste de la proportion, du decorement & de l'ornement & bienseance du bastiment entier, ce que se parfait en l'estat, coustume & nature. Par l'estat, comme Iuppiter, le Soleil & la Lune. En Hypethros,

Hypethros, quand ils sont posez ouvertement en hault, & soubs le cap du ciel, car leur puissance & vertu resplendissante estoit manifeste. Mais Mars, Minerve & Hercules auront la Dorique, d'autant que leur vertu estant sans delices ou delicatesses, ils auront des Temples representans certaine gravité. Quant a la deesse Venus, Flora Proserpine, & les nymphes des Fontaines & boscages, ils auront des Temples a la façon Corinthiaque, a cause de leur delicatesse & volupté. Iuno & Diane & plusieurs de leurs semblables auront leurs Temples a l'Ionique, laquelle est vne moyenne façon entre la gravité Dorique & la delicatesse Corinthiaque. Le decorum ou bienseance est communement en ces grandes Eglises Temples & maisons, qu'il y faut estre des portes grandes, des portaulx larges spacieux & beaux tant par dedans comme par de hors, accordans a l'advenant avec les ornemens de l'vn & l'autre. Touchant l'apprehension de l'air, pour les chambres ou dormitoires, & librairies, on y prend la partie orientale, quant aux bains, estuves, maisonnettes d'hyver, on les accommode vers l'occident, les caves, celliers, secretairies, ou autres retraictes ayans besoing d'vne lumiere solitaire, on les colloquera vers le Nordt, & cecy se practique souvent selon la situation du lieu, & plus que comme on le desireroit. Quant a la distribution, on se sert d'icelle, quand on ne cerche point ce qui doit estre acquis par grands despens. Car en tous endroicts il n'y a point de Marbre, du buys, des cipres & autres sortes de materiaulx. Ité aussi pour bastir selon la qualité ou dignité des hommes, vne maison provinciale ou maison de ville, & puis vne maison d'vn marchand, ou d'vn gentilhomme, &c. ne peuvent estre semblables l'vne a l'autre. Item l'Architecture est divisée en trois parties, dont l'vne est la structure, & icelle est de deux sortes, comme particuliere & toutesfois commune, comme sont les murailles, tours, portes, &c. l'autre est des Temples & hospitaux. Aucuns Edifices sont pour la commodité & pour la bien seance, comme les havres, marchez, places publiques, rues, & pourmenoirs, &c. Puis apres il faut viser sur les lieux sains pour eviter le mauvais air, aussi les murailles, & tours faut qu'ils soyent mis bien a poinct, les rues faudra conduire, affind'estre delivrees du mauvais vent tant qu'il est possible. Mais affin que l'Architecte se fonde soy mesme bien avant, je vous reconteray ici vn exemple memorable d'vn excellent Architecte nommé Dinocrates, qui se confioit vn peu par trop sur sa suffisance & science, estant comparu devant Alexandre le grand, quand il avoit subjugué l'Asie, toutesfois il y avoit de la peine & difficulté pour parvenir jusques a l'audience du Roy, il estoit homme de grande stature, beau de visage, excellent en faconde & vertu, s'appuyant trop sur les dons naturels, il se despouilla de ses vestemens en son logis, & se feit oingdre le corps de senteurs & huyles odoriferantes, s'estant mis sur la teste vn laurier, & sur l'espaule gauche la peau d'vn lion, & tenant en sa main droicte vne massue comme on depeint la figure d'Hercules, & en ceste posture il marcha tout droict vers le siege du Roy, chascun s'esbahissant, comme feit aussi le Roy, voyans venir vne telle figure d'homme, & estant demandé qui il estoit, il respondit au Roy, je suis Dinocrates le grand Architecte de Macedoine, qui apporte ici (Sire) vne figure a ta gloire, à sçavoir le mont Athon, lequel j'ay figuré comme un homme, & tiendra en sa main gauche vne grande ville, & en la droicte vne tasse, laquelle recevra toutes les eaux de la montaigne, & par la seront icelles desgorgees dans la mer. De ce desseing Alexandre fut fort resjoui, toutesfois il demanda s'il y avoit a l'entour des vignes & fruicts pour nourir le peuple d'vne telle ville, mais oyant, qu'il n'y en avoit point, le desseing fut de neant. Ce nonobstant Dinocrates ne fut point abandonné, mais il bastit vne ville en Egypte qui fut appellee Alexandrie du nom du Roy. Par cecy donques on peut appercevoir quelles gens estoyent les Architectes, que non seulement ils pouvoyent tailler Capitelles, Zophores, Coronides, &c. Mais se trouverent tant magnanimes, de s'attaquer a la montaigne d'Athos & de faire vne figure humaine, de ceste estenduë in croyable de montaignes, & si la nourriture n'y eust esté desfaillante, cest ouvrage eust surpassé toutes les merveilles de Sepultures, Sculptures, & Architectures, voire le tombeau d'Amase, & le Mausole qui furent posez en memoire perpetuelle, ainsi comme Alexandre surpassa en grandeur tous les autres Roys precedens. Ce brief recit sera pris de l'Architecte en son particulier pour vne instruction, & viendrons a la doctrine & aux enseignemens de nostre livre.

DESCRIPTION
DE L'ORDONANNCE ET
DES ORNEMENS DE LA TVSCANE.

Touchant la Toscane, elle est communement mise en vsage pour la premiere, combien que selon les resmoignages des anciens autheurs de l'Architecture, la colomne Dorique a esté la premiere qu'on a mis en vsage, Mais dautant que ceste cy a esté trouvee la plus basse & par ainsi la premiere en l'œuvre, nous ferons mention de ceste cy premierement, & devant les autres, & reciterons les proprietez d'icelle au plus brief & si clairement qu'il sera possible. La Toscane donques est mise aucunefois en six & autrefois en sept parties, en la haulteur avec la base & le chapiteau, chasque partie se prend de la grandeur de la colomne la ou elle est plus grosse par embas, mais dautant qu'il est plus en vsage de la distinguer en six parties, je l'ay mis ainsi dans la Figure, & seruira pour vne regle commune, ainsi comme par l'experience je le puis assez verifier, toutesfois selon que l'ouvrage le requerra, l'Architecte se pourra vn peu accommoder, soit de la mettre en sept parties, ou la laisser en six, Touchant la disposition d'icelle commençant de la base, la base faict en haut la moitie de la grosseur de la colomne, & se partira en deux, l'vne pour le plinthus, l'autre partie se distingue en trois, dont les deux parts auront le Thorus, & la troisiesme la Cincta : pour faire le Project ou estendue de la base, il faut tirer vn cercle si large, comme la Colomne sera par embas, & est ici notee en ceste figure par la lettre R, Par dehors dudit cercle il faudra tirer vne quarrure, & a l'entour des coings de la quarrure il faudra tirer encor un cercle aboutissant aux quatre angles de ladite quarrure. Cecy sera le Project, estendue & saillie exterieure. Et combien que les autres Bases ont leurs plinthes en quarre, toutesfois (selon la doctrine de Vitruvius) ceste cy sera ronde, & ainsi elle est en vsage pour la pluspart. Touchant la Colomne, on faict la quatriesme partie plus menue au dessus, que par embas, a chasque costé de la Colomne vne huictiesme partie, & cecy en telle maniere : le tronq ou corps de la Colomne en hault est distinguee en trois esgales parties, la troisiesme partie au bas sera dirigee tout droit en hault, puis on y tire vn cercle demi rond, sur iceluy on fait venir deux lignes perpendiculaires, de dessus de la colomne jusques au cercle susdit, sur lequel ici sont desseignees quatre lignes Paralelles, lesquelles en perpendiculaire ou droictement sont tirees en hault, selon la designatiō des deux parties superieures (lesquelles se pourront aussi designer en pareilles parties quand on le voudra faire) desquelles se peut tirer fort commodement la colomne sans aucunes poinctes, & faudra vser de ceste maniere sur toutes les autres colomnes, ainsi comme ceste figure vous monstre. Touchant le Chapiteau, il se fait de la haulteur de la Base, & se devise en trois esgales parties, l'une partie pour l'Abaque, l'autre divisee ē quatre, trois desquelles pour l'echine, & la quatriesme pour l'anneau ou ceincture. Ceste partition vous est aussi monstree par la mesme figure : la partie troisiesme qui reste sera pour la phrise, la dessus on mettra maintenant les Architrabes, Phrises & Cornisses. Les Architrabes faits de pareille

haulteur

haulteur des Chapiteaux, & la Tenia faut qu'elle ayt la fixiefme part de l'Architrabe, la Phrife de la haulteur de l'Architrabe avec la Tenie, & le Coroniffement auffi de la fufdite haulteur, celleci fe divife en quatre parties efgales, l'vne defquelles aura la Cimatie, deux ont la corone, & la partie reftante de la Cimatie en hault, le project ou extenfion qui panche au dehors devra eftre faicte comme la haulteur du Chapiteau total, pluftoft d'avantage que moins, & deffoubs la Coronne on fait communement des Canalets, foit grands ou petits, felon l'exigence de l'ouvrage, & fi les pierres le peuvent fupporter on pourra bien faire le panchement exterieur au dehors du quarré, & fert alors bien aux pourmenades, & eft plus propice pour en deftourner l'eau. Touchant les Stilobates ou Pedeftaulx, ils ne femblent jadis point avoir efté en vfage en cefte Colomne, fur certaine reigle, dautant qu'il y en a bien peu qui en font mention, & es Antiquitez ont efté en ufage en diverfes manieres, fuivant en cecy la doctrine de S. Serli, on fera le corps ou le gros de la Colomne juftement en quarré fans la Bafe ou Cime, dont chafcun aura une quatriefme part dudit corps quarré, fi que le Pedeftal ou colomnes pedales auront fix efgales parties, en la haulteur, & quatre en largeur, ainfi fe divife la Colomne en fix parties, & enfemble auffi le Pedeftal, la Cime & Plinthe ne fe taillēt point, car il faut que l'un fuive apres l'autre, & le corps quarré eft perpendiculaire, avec le Plinthe de la Bafe de la Colomne. Et cecy eft briefvement deduit fur ce que j'avois à dire, felon la doctrine de Vitruve, Cefarien & Sebaftien Serli, fur la Colomne Tofcane, ainfi comme cefte premiere figure vous monftrera, & l'enfuivante pour plus ample preuve.

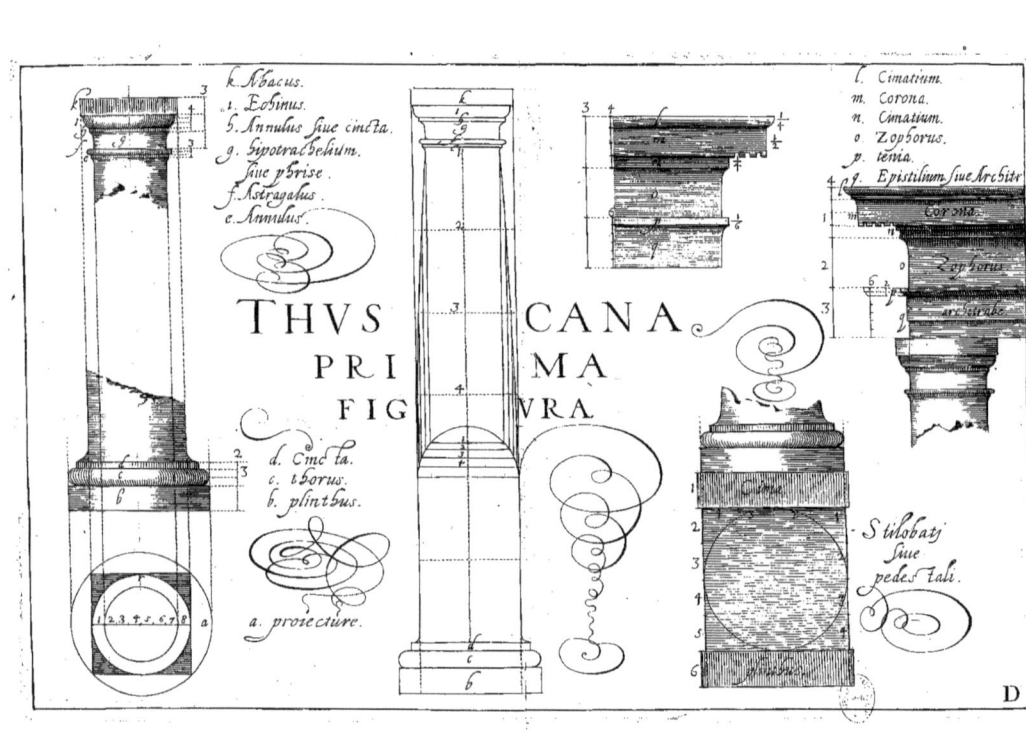

DESCRIPTION
DE L'ORDONNANCE ET
DES ORNEMENS DE LA COLOMNE
DORICA.

Remierement venant a la Base, de laquelle il y a diverses opinions, car es antiques ceste Colomne a esté en vsage plusieurs fois sans Base, si qu'aucuns sont d'opinion que ceste colomne n'a point eu de Base, ou au moins nulle certaine reigle d'icelle, toutesfois Vitruuius parle en son liure de la Base Atticurge, laquelle je tiens pour la Base Dorique, & ceste cy a esté aussi obseruee du tresexcellent Architecte Bramant, & mis par luy en œuure, soubs ceste Colomne, & ainsi comme cestuy ci a surpassé quasi tous les Architectes, nous ne cercherons aucun autre pour suiure la verité. Ensuiuant doncques iceluy, il faudra faire la base haulte, la moitie de la grosseur au dessous de la Colomne, le Plinthe en aura la tierce part, les autres deux parties diuisees en quatre, dont l'vne aura le Thore par embas, l'autre par deuant la Schotia, ou Trochille; puis le Annulus ou Ceinctes, au dessus & au dessoubs la Schotia, auront chascun vne partie septiesme, ainsi comme il est a voir en ceste figure de la colomne Dorique. Item ceste colomne est diuisee par Vitruue en Modelles ou Modules, la grosseur ou espesseur de la colomne au dessous en deux Modules, l'entiere haulteur auec le basement & capiteau en 14. Modules, le corps de la Colomne contient douze Modelles, & la Base & capiteau chascune vne, qui sont par ensemble quatorze modelles, & tout cecy pour la commune reigle, en ceste colomne. La haulteur du Capiteau est diuisee en trois, l'vne partie pour le Hipotrachelion ou la Phrise, la ou il faut aussi que la Colomne soit plus menue d'vne sixiesme part, que au dessus. Item que la seconde partie soit pour l'Echine, laquelle partie diuisee en trois, on laisse les deux parts pour l'Echine, & la troisiesme part aux Annules, la derniere tierce part se diuise aussi en trois parties, l'vne pour la Cimatie ou liste, l'autre retient le Plinthe, le project ou estendue par dehors sera comme la haulteur de l'Abaque, ainsi il sera bien seant & apte. Vitruue n'en fait point l'extension si grande, mais a mon aduis il y a peu de grace, aussi les anciens ne l'ont point suiui a sa maniere, ou pour le moins bien peu d'entre eux, toutesfois il faut prendre garde selon que les ouurages seront erigez, hault ou bas, car c'est pourquoy Vitruue veut auoir enseigné l'Architecte en la science des Mathematiques. En oultre sur les susdits capiteaux on posera les Epistiles & Architrabes, desquels la haulteur deura estre d'vn module, & faut que icelle soit partie en sept pieces, l'vne sera la Tenie, la Subtenie & Guttes ensemble seront la sixiesme part d'vn Module, dequoy les guttes ont trois parts, & la Subtenie ou liste vne quarte part, les guttes seront six en nombre, esquelles pendantes dessoubs les Trigliphes, la haulteur des Trigliphes sera d'vn Module & demy en largeur d'vn Module, ceste largeur partie en douze parts, a chasque costé laissant vne part jusques a un demy Canalet, & des dix restantes parties, il en faudra donner six au plat des Trigliphes, & les quatre aux Canalets, au milieu seront posez les Trigliphes un Module & demi l'vn de l'autre,

E

lequel

lequel espace Vitruve appelle Methopa, en icelles on taille communement des testes de Bœuf, & dessus la main des plats ronds, a l'ornement, la raison est que les Payens se seruoyent des plats aux Sacrifices des bestes, ou bien l'on peut laisser vuides ces Methopes, dessus les Chapiteaux des Trigliphes on pose la Coronne avec deux Cimaties, l'une au dessus de la Coronne, l'autre au dessoubs d'icelle, de la haulteur d'un demi Module, lesquelles on divise en cincq, les trois se reseruent pour la Coronne, & chasque Cimatie vne part, sur la Coronne est mise la Schima de la haulteur d'un demy Module, avec la huictiesme part, & cecy pour la Tenie ou liste au dessus, le project ou saillie par dehors de la Coronne aura deux tiers d'vn Module, au dessoubs contre le project sont posees les guttes en leur rangs, six joignants l'une a l'autre, & trois larges, & entrel'espace des guttes on y taille bien des foudres, ou on laisse la place vuide, le Project de la Schime devra estre comme la haulteur. Item si l'on veut estrier la Colomne, ou la faire avec des Canaulx, il en faudra faire vingt en nombre, & ses estries se font d'un quarré, ce qu'est de la largeur des estries au Centre, de laquelle estant posé le cercle venant d'un angle jusques à l'autre, il retiendra le quart d'un cercle rond, & en ceste maniere est il que l'on se sert de ceste Colomne Dorique, comme se void es Figures presentes. Mais pour faire soubs ceste Colomne le Stilobate ou Pedestal, puis que Vitruve n'en fait gueres de mention, je deduirai ici ce que Cesarien en a laissé par escript, lequel (a mon opinion) en donne les meilleures raisons, comme aussi il se vante d'avoir fondé les Antiques en cest endroict. On fait doncques les Pedestals commencant sur le fondement la ou il faut qu'il soit large, ce dit Vitruve, de la grosseur de deux Colomnes, & Cesarien dit, de trois Colomnes, la plus inferieure largeur divisee en huict parties, des six interieures parties on en tire le Stilobate ou Pedestal, sur les deux parties sont laissees les projects, l'un des huict parties en la haulteur aura le Plinthe, & vne semblable la Base. Et quand ce sera la Dorique, lors la Cimatie superieure est aussi de la mesme haulteur & grosseur avec les Coronalis, entaillee avec Trigliphes & Methopes, comme aussi avec la Tenie & guttes Ce Pedestal est fort bien seant en ordre selon la Simmetrie, toutesfois il me semble bon d'en reciter ici encor un autre, & de le mettre en Figure c'est ascauoir de Sebastien Serli, lequel donne aussi des bonnes raisons selon la Simmetrie, commencant du Plinthe de la Base de la Colomne, le Pedestal proviendra esgalement avec le Perpendicule (comme il dit) & la haulteur du corps plat du Pedestal sera premierement mis en quarré, & le cercle estant mis au coing inferieur, ici signé avec la lettre A. jusques au coing B. & ainsi tiré outre jusques au coing C. on fera la haulteur du corps, laquelle on divisera en cincq parties, a l'une desquelles parties on adjoustera pour le Cimatium avec ses appartenances, & encor une partie sera donnée a la Base, lors sera le Stilobate ou Pedestal de sept parties, ainsi comme est la Colomne. Et cecy se monstre en ces Figures clairement, & voy la ce que j'avois a dire le plus succinctement de ceste Colomne, Dorique.

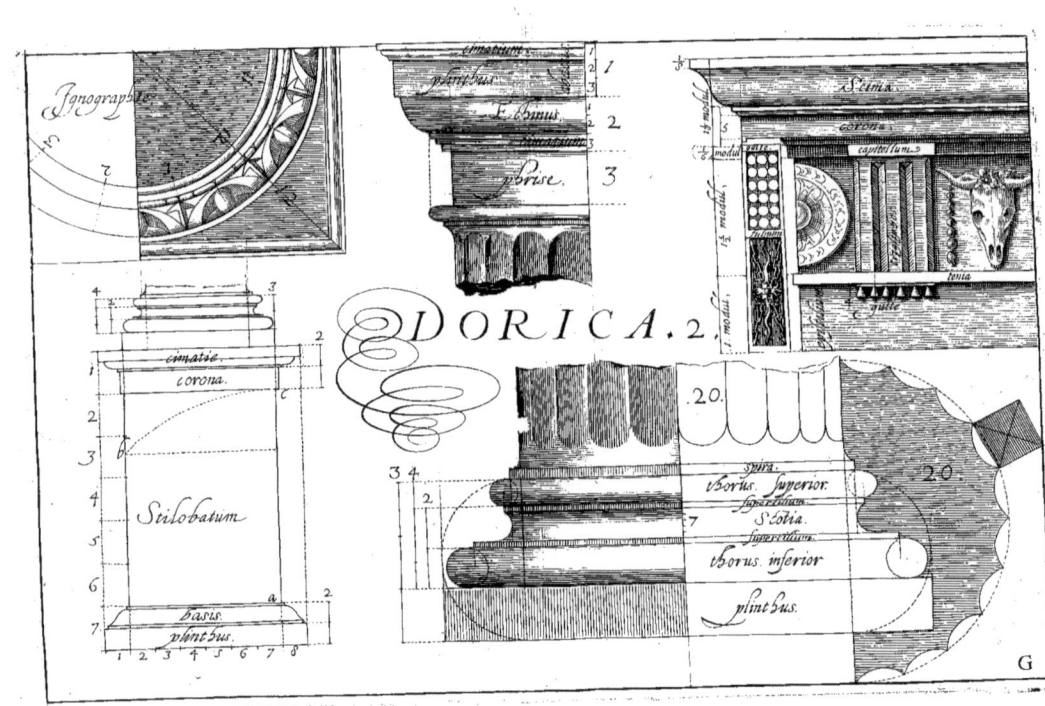

S'ENSVIT LA DESCRIPTION
DE L'ORDRE ET DES OR-
NEMENS DE LA COLOMNE IONICA.

Insi comme la colomne Dorique est prise selon la forme d'vn homme, aussi est ceste colomne Ionique faicte pareillement a la forme d'vne femme, car tout ainsi qu'icelles ont le pied plus petit, aussi a on fait le Diametre de ceste colomne plus menu & plus gresle. Ceste colomne Ionique en general est faicte de 8. parties, en la haulteur selon la grosseur d'embas, avec la Base & capiteau. Vitruve en met en avant 8. & demy, on la fait aussi de 9. parties & d'avantage selon que l'Architecte (par son bon jugement) trouvera convenable. Mais je dis pour une commune regle, qu'il faut que la Base soit de l'espaisseur de la moitié d'une colomne, le Plinthe faut qu'il aye vne tierce part d'icelle, se reste est divisé en 7. parties, desquelles les trois seront pour le Thore, & les autres quatre demeureront pour les deux Scoties ou Trochilles, avec les Astralagues : les Astralagues auront la 8. partie du Trochille, les bords ou bandeaux seront la 4. partie du Trochille, les deux Scoties se sont d'une mesme haulteur, le proiect sera a chasque costé la 8. ou 16. partie, ainsi sera le Plinthe la 4. ou 8. partie davantage a tous costez de la grosseur de la colomne au dessoubs, la Cincta ou la Liste au dessoubs du Thore (apellee par Vitruve Supercilium) dautant qu'elle se trouve pressée de la grandeur & grosseur du Thore, il me semble bon qu'elle soit faict de la moytié plus large que l'autre, car quand la Base de la colomne vient au dessoubs de la veue, il faudra faire les cinctes (qui sont mises au dessous) plus grandes, & quand la Base est posée au dessus de la veue, soit sur des Stilobates ou autrement, il faudra faire les listes ou bandeaux inferieurs plus larges, & ainsi il faudra rencontrer a la bienseance de la veue. Davantage pour la grandeur de ce Thore, il y a eu maints gentils esprits a la curiosité desquels ceste Base n'est nullement agreable, partant j'ay voulu mettre ici vne autre tiree de Sebastien Serli, ainsi comme se verra en la 4. Figure, & que le Plinthe estant faict en ceste maniere, comme a esté dit cy devant, le reste divisé en trois parties, l'une desquelles aura le Thore, l'autre partie sera divisée en six, dont l'vne sera donnee a l'Astralague avec sa Ceincte ou liste, toutesfois la Ceincte la moytié tant seulement large comme l'Astralague, la Ceincte au dessoubs du Thore sera autant large comme l'Astralague, & le residu auront les Schotia. L'autre tierce partie semblablement divisée en six parties, l'vne pour l'Astralague, vne demie part pour les Ceinctes, & semblablement s'appuyant aussi les Ceinctes sur le Plinthe, & les quatre parties pour les Scoties. Puis on fait le Chapiteau de la haulteur d'vne tierce partie de la colomne au dessoubs, & le devant de l'Abacque on le fait large de l'espaisseur de la colomne avec vne dixhuictiesme partie davantage, qui font ensemble dixneuf parties en vne partie & demie, au dedans sera tiree la ligne Cathete, sur la longueur de neuf parties & demy, pendant par dessus le milieu du chapiteau, l'Abacque sera hault d'vne & demie partie, les coings duquel estans tirez soit a costé droict ou gauche, c'est tout un, & est a l'antique, l'un aussi bien que l'autre, & faudra que les Voultes ayent les huict parties qui restent & pendent soubs l'Abacque, depuis l'Abacque en dessoubs jusques au plus pres de l'œil sont cinq parties, &

l'vne

l'une d'icelles garde l'œil, & ceste partie sera divisée en six parties esgales, le cercle estant mis sur le nombre 1. aboutissant a l'Abacque, & ainsi tiré vers le bas jusques a la ligne Cathete, puis estant mis le cercle sur le nombre 2. & estant tiré au dessus jusques à la ligne Cathera & puis estant mis le cercle sur le nombre 3. & tourné au bas jusques a la ligne sudite, & puis mettant le cercle sur le nombre 4. en le tournant contre le Cathera, y tenant le cercle, le rapporte un pied sur le nombre 5. & le tournant fait la sixiesme semblable, & ainsi se serre l'œil. Ou l'on peut tailler au dedans des fleurs ou roses. Item depuis le dessoubs du Chapiteau ou depuis l'œil d'embas, il y aura trois parties, qui sont ostées de la colomne, a l'ornement du chapiteau. Item si la colomne est de la hauteur de 12. ou 15 pieds, on fera la hauteur de l'Epistile de la hauteur de la colomne la ou elle est plus grosse, au dessoubs des estries de la colomne qu'on appelle les canaux, desquels il y en aura 24. en nombre, l'un d'iceux divisé en cinq, dequoy les 4. estans pris jusques aux canaux & guttes, la 5. pour la liste appellée Strix, & ainsi d'un bout de la place des listes jusques a l'autre bout estant tirée vne droicte ligne, dequoy le milieu sera le centre de la concavité. Et si l'on voudra faire aucunefois vne colomne gresle laquelle semblera toutesfois plus espaisse qu'elle n'est en soy-mesme, on fait les estries jusques a 28. en nombre. Item l'Abacque est d'un costé autant large comme au devant, en outre l'Epistle ou Architrabe se fera de la hauteur de l'espaisseur de la colomne au dessoubs, si la colomne est haulte de 12. ou 15. pieds (comme il a esté dit) mais si la colomne estoit de 15. ou 20. pieds, lors l'Architrabe aura la 13. partie, & si elle est de 20. ou 25. pieds de hauteur, la colomne sera divisée en 12. parties & demie & l'une d'icelles sera pour l'Architrabe, & si la colomne sera de 25. ou 30. pieds, la hauteur aura la 12. partie, & tant plus que la colomne sera haulte, il faudra que l'Architrabe soit a l'advenant. Cest Architrabe sera divisé en 7. parties, l'une desquelles sera pour la Cimatie, & semblablement pour le Project, les six parties estans divisées en autres douze parties, desquelles les trois seront pour la premiere ou inferieure Fascie, quatre pour la seconde, & cinq pour la troisesme Fascie, la largeur de l'Architrabe au dessoubs sera semblable & perpendiculaire avec la grosseur de la colomne par enhault, & la grosseur de l'Architrabe en hault de pareil Project ou Extension que la colomne est au dessoubs. Quant au Zophore ou Phrise, si l'on y veut tailler au dedans quelque chose, il la faudra faire la 4. part plus haulte que l'Architrabe, mais si on la laisse vuide, on la fera d'vne quarte part moindre. Sur la Phrise on posera la Cimatie d'icelle, & y faudra avoir la 7. part de la Phrise, & le project aura bien autant, au dessus de la Cimatie on mettra le Denticule ou la Dentille, en la hauteur comme la Fascie du milieu, & le Project comme la hauteur, & la largeur des Dentilles sera de la moitié de leur hauteur, la Cōcavité entre les Dētilles sera d'vne tierce part plus estroicte, la Cimatie aura la sixiesme part du Denticule, la coronide avec la Cimatie d'icelle sera aussi de la hauteur de la Fascie au millieu, le project de la Coronide avec le Denticule tiendra autant comme la hauteur des Phrises sera avec la Cimatie, le Schima sera la 8. partie plus haulte que la Fascie du millieu, & sa liste aura la 6. part, le project sera semblable a la hauteur, & ainsi fait on toutes Ecphores ou coings, excepté les coronides (ce dit Vitruve) qui seront tousiours bien seantes en ceste maniere. Item si l'on veut mettre ceste colomne sur vn Stilobate ou Pedestal pour la haulser, il faudra lors que la largeur du corps soit perpendiculaire avec le plinthe de la Base de la colomne, la hauteur sera d'vn quarré & demy & vne sixiesme part s'adjoustera a la Base, & semblablement vne a la coronide, & ainsi sera le Pedestal de la hauteur de huict parties, comme est la colomne. Item dautant que les ouvrages des anciens sont souvent bien differens de la doctrine de Vitruve, partant j'ay fait ici vne autre maniere en ceste Figure de la colomne Ionique, laquelle j'ay tirée dudit Sebastien Serli, touchant l'Architrabe, Phrise & Coronide. L'amateur de ceste science enrendra cecy bien facilement, venons maintenant a la Corinthiaque.

IONICA

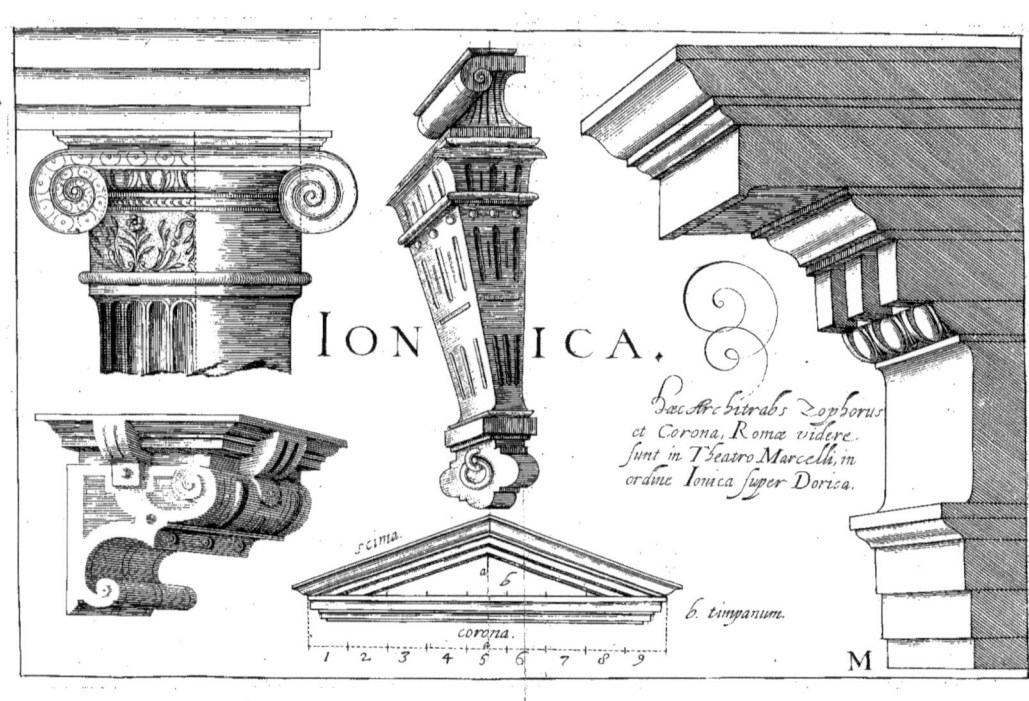

VOICI LA DESCRIPTION DE L'ORDRE ET DES ORNEMENS DE LA CORINTHIA.

Remierement de ce chapiteau Corinthiaque Vitruve escrit, qu'il est fait a cause d'vne vierge de Corinthe, fille d'un Citoyen d'icelle ville. Cestecy estant morte, sa nourrisse ayant assemblé des pots & tuilettes, apres en auoir fait quelque monceau sur son sepulchre (car il semble que pour lors il y ait eu vne telle coustume) & mis par dessus vne tuile entiere, il est advenu que dessoubs icelle s'est trouvee quelque racine d'Achante, qui au printemps ayant jetté dehors ses fueilles s'estoit entortillé tout alentour, & croissoit en la maniere des Volutes. Or comme ce fameux Architecte Callimachus (qui pour sa grande science estoit appellé Catechnos) passoit auprés de ce monument, voyant ces fueilles & branches creues de ceste sorte tout alentour de ce test, il en fit ceste nouuelle façon, ayant mis en œuure la Symmetrie de ce chapiteau, & ainsi ceste colomne a reservé encore ce nom jusques au jourdhuy, comme la colomne Dorique retient encore le sien, semblablement de son autheur Dorus, lequel comme dit Vitruve, l'a ordonnée premierement, ayant jetté les fondemens d'vne ville en Argos, & en icelle basti un Temple, dans lequel il dressa ceste colomne, & ses successeurs de Dorus ont apres nomee la colone Dorique, jusques au jourdhuy. Tournant derechef a la Corinthiaque, auant que de venir au chapiteau, je deduiray, quel ordre tient la Base selon l'usage des anciens. Car Vitruve met ce chapiteau assez a la façon Ionique, & la vous laisse ainsi, mais les Anciens Romains (prenans leur esbat assez en celleci, comme en toutes les autres) ont orné la Base de plusieurs membres, comme il est a veoir au Pantheon, l'un des plus beaux ouurages, que touchant icelle on pourra veoir dans Rome a S. Marie la Ronde, la ou la Symmetrie est ainsi comme s'ensuit. La colomne est de 9. parties avec la Base & le chapiteau, de laquelle le chapiteau est aussi hault comme la grosseur de la colomne en bas, la Base de la moitié de la grosseur de la colomne, ceste moitié divisée en 4. parties esgales, l'une aura le Plinthe, les autres 3. seront divisées en 5. perquoy le Thore d'en hault aura vne partie, le Thore d'embas la 4. part plus espaisse, ce qui deste estant divisé en 2. l'une partie pour la Scotie en bas avec son Astralague & listes, l'Astralague aura la 6. partie de la Scotie, & chasque liste la moitié de la partie de l'Astralague, la liste ou bandelette du Thore embas aura 2. tierces parties de l'Astralague, la bandelette dessoubs la partie superieure du Thore aura la 3. part davantage que l'autre, & si ceste colomne estoit posee sur vne autre, on la fera Ionique, & si elle gist sur son propre fonds on la mettra comme la Dorique. Item le chapiteau aura la haulteur de la colomne d'embas, comme il a esté dit, dequoy l'Abacque aura la 7. part, le reste divisé en 3. parties, la premiere pour les fueilles d'embas, la 2. pour les fueilles du milieu, la 3. pour les Caulicules ou volutes, lesquelles sont provenantes ou croissantes hors des fueilles inferieures, comme il est a veoir en ces figures, dessoubs l'Abacque vne ceincte ou liste de la moitié de l'Abacque, ce que reste sera divisé en trois, l'un sera la cimatie avec sa liste, l'autre le Plinthe, & au milieu de l'Abacque on mettra une fleur, les fueilles du milieu & du dessoubs come il a esté dit,

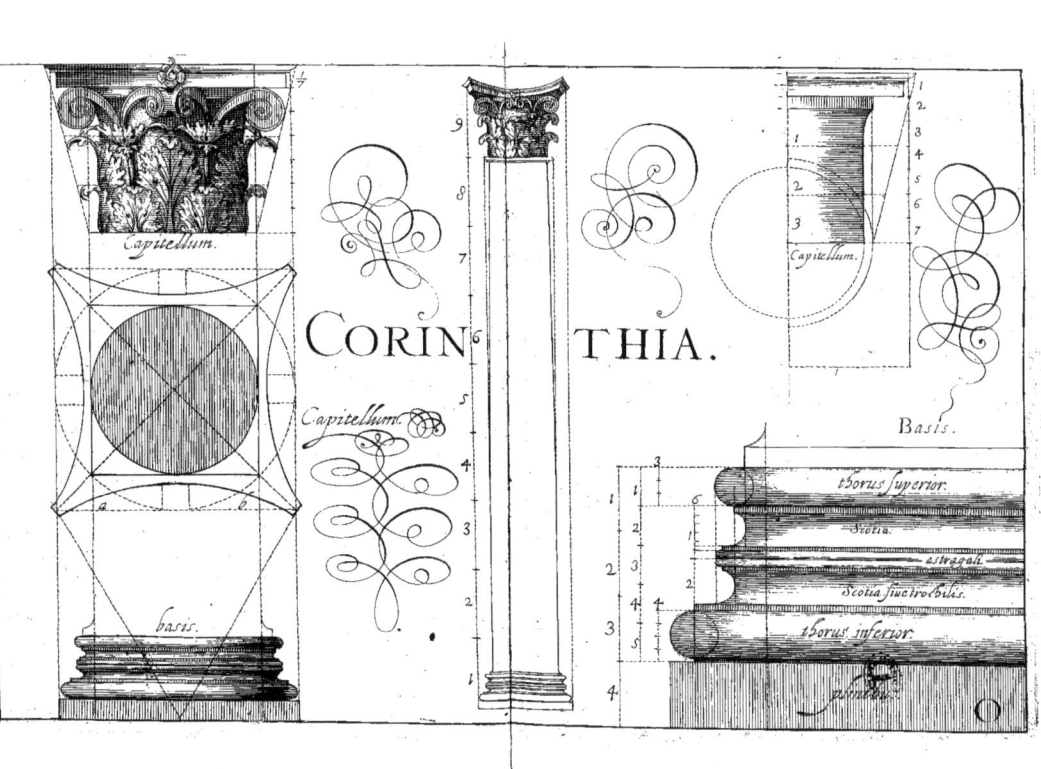

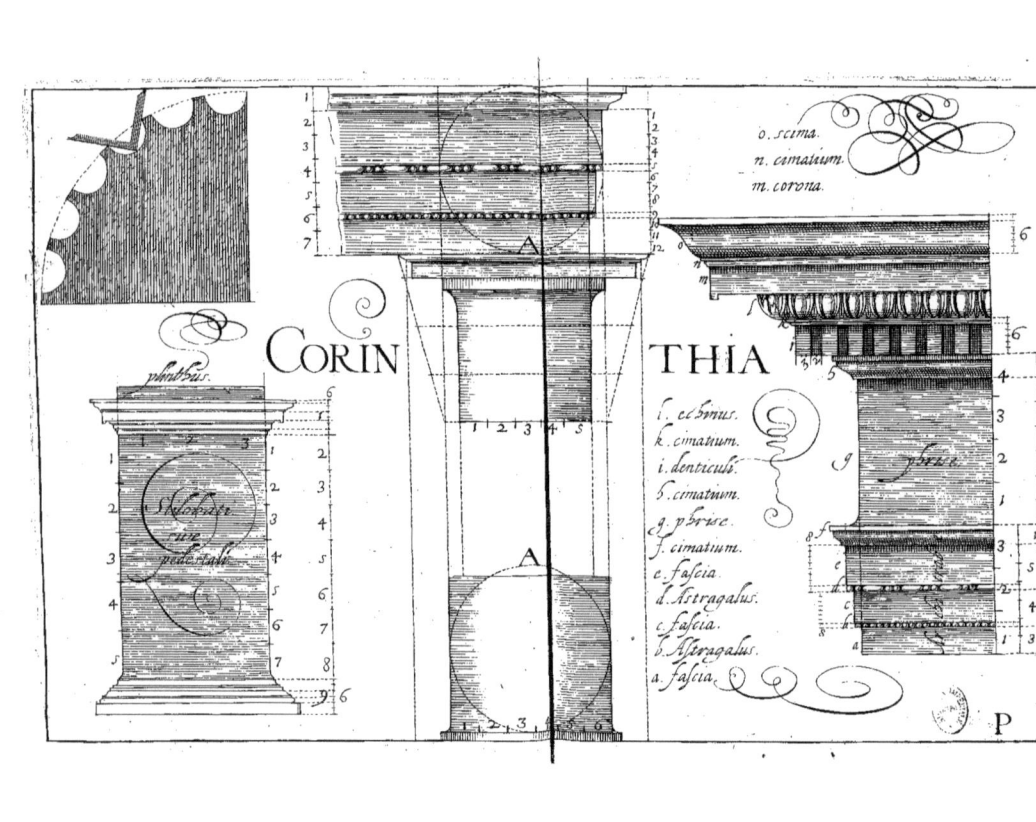

VOICI LA DESCRIPTION DE L'ORDRE ET DES ORNEMENS DE LA COMPOSEE.

Ompofita, ou Compofee, eft autant à dire comme meflee, & fe ramaffe enfemble de toutes les precedentes, & pour certain l'Architecte doibt en effect eftre tel, que fouventesfois il puiffe faire de la fimplicité un meflange quand il s'en voudra fervir, venant ainfi les plus fimples & moins ornees au fecours des autres, comme eft la colomne Tofcane, laquelle a efté la plufpart en ufage au plat pays, comment on s'eft fervi de cefte colomne auffi bien dans la ville de Florence comme dehors, & avec quel fçavoir & induftrie des Architectes elle a efté ornee, fe void affez & apparoift encores aujourdhuy abondamment es beaux baftimens & Fabriques de cefte Statue, eftant fort commodement meflee & agencee avec la Dorique & Ionique, par les grands efprits de leurs maiftres, fi qu'a leur memoire eternelle on pourra bien dire avec Plinius que leur louange eft plus grande & immortelle que de ceux la qui les ont fait baftir a leurs defpens. Voire C. Plinius les tient en tel degré d'honneur, qu'il blafme ceux la qui ont efcrit de quelques femblables ouvrages fans en avoir nommé le maiftre & l'inventeur d'icelles, tant s'en faut qu'il ait efté de ceux la qui ont retenu ce Proverbe de leurs Anceftres lourdaux, qui faifoyent plus de cas de l'amour d'argent que de la doctrine, a fçavoir que les recercheurs des fciences n'ont efté que controuveurs de la beface, la ou ces gens (je les pourrois bien appeller lourdes beftes) ne voyent pas qu'il y a tant d'hommes fçavans, qui font paruenus a des moyens & richeffes fi grandes & prifables, fauf encore le los immortel qu'ils en ont acquis, & laiffé a leur pofterité. Si je les devois tous nommer, & mettre en rang en quel honneur & reputation les Peinctres, Tailleurs de taille douce, Statuaires, Orfevres, Emboffeurs, Architectes, Tailleurs de figures, Tailleurs de marbre, Maiftres Maçons & Charpentiers, &c. qui font tenus, en grande eftime en la Court de l'Empereur, & par tout es Courts des grands Princes de la haulte & baffe Allemagne, Italie & France, je croy que le papier & l'encre me defaudroit, je laiffe a part encore tout le refte de l'Europe. Venant doncques a mon propos touchant ladite colomne Compofee, combien que Vitruve nous enfeigne tant feulement quatre colomnes, fi fault il toutesfois y adjoufter cefte cinquiefme, enfuivant l'authorité & l'ufage des anciens, car Vitruue ne l'a fçeu tout comprendre. Cefte ci doncques a efté nommee par les Romains Italique, dautant qu'il femble qu'elle a efté inventee par iceux, comme les autres quatre precedentes par les Grecs. Cefte Compofee ils l'ont faite, pofans la volute de l'Ionique avec l'Echine au Capiteau de la Corinthie, & ainfi elle a efté pour la plufpart en ufage es arcqs Triumphaulx, comme auffi en quelques autres Edifices, avec bon jugement, dautant qu'ils triumphoyent fur ce pays la, a raifon de quoy ces arqs triomphaulx furent erigez & baftis, tout ainfi comme ils ont fait en cefte grande Fabrique du Colifee, la ou ils ont mis ces trois ordres, de rang l'une par deffus l'autre, a fçavoir la Dorique, Ionique, & Corinthiaque, & par deffus toutes cefte Compofee fi qu'il eft fort hault & eflongné des yeux du Spectateur, qui regarde en hault, ils y ont mis dans les Phrises des Mutiles, qui faisoyent l'ouvrage fort riche, & aidoyent au Project de la Cornice, & l'Architrabe, Phrise & cornice semblent estre une cornice tant seulement, a cause des Modillons, dans la Phrise la haulteur de la colomne Composee est faite en dix parties avec la Base & le Chapiteau, la Base est de la moitié de la grosseur de la colomne d'embas, ou tout ainsi comme il a esté dit de la Corinthiaque. Si l'on vouloit estrier ladite colomne de la maniere qu'on fait l'Ionique ou Corinthiaque, selon qu'il plaira a l'Architecte, le Chapiteau comme de la Corinthiaque, faisant les volutes vn peu plus grandes que les Caulicules. Ce chapiteau se void es arcqs triomphaulx de Titus & Vespasianus dans Rome avec la Base susdite, & ici mise en Figure & signee de le lettre A. l'Architrabe, Phrise & cornice, si elle fut haulte pour la veue, l'Architrabe sera aussi hault comme la grosseur de la colomne au dessus. La Phrise ou il y a les Mutiles se fait de la mesme haulteur, la Cimatie se fait de la sixiesme part des Mutiles, le Project des mutiles sera comme la haulteur, la coronne avec la Cimatie, autant haulte que l'Architrabe, est divisee en deux parties esgales, dont l'une aura la coronne, l'autre la Cimatie, le project d'icelle sera comme la haulteur, & ce quant au commun vsage. I'ay ici mis plusieurs Figures de diverses sortes, qui serviront a l'Architecte, desquelles les membres en particulier serviront pour instruction & exemple, pour les imicer, venant au Stilobate duquel le corps sera vne fois si hault comme il est large, & cecy divisé en huict parties, vne d'icelles l'on adjoustera a la Base & vne a la Coronne, suivant la commune reigle, car puis que ceste colomne est la plus delicate de toutes les autres, il faut que le Pedestal en soit aussi plus gratieux & plus deslié, par dessus toutes les autres. De ceste Composee on n'en void gueres de bastimens sinon des Arcqs triomphaulx comme il a esté dit, mais suyvant ceste reigle ici mise, l'Architecte la pourra faire & s'en servir comme il luy plaira, comme semblablement des Figures ici taillees il accommodera de la veue d'icelles. Et cecy servira pour le plus court enseignement touchant la Colomne Composee.

(v)

PARTICVLARIA MEMBRA INORDINE COMPOSITA SECVNDVM VSVM ANTIQVORVM.

COMPOSITA

80.

basis.

Com

SENSVIT VNE CLAIRE

INSTRVCTION
DES QVATRE SORTES
DE SYMMETRIE.

Ombien qu'il y a quelque endroict ou place en l'Architecture, la ou l'on ne peut donner de reigles certaines, si est ce toutesfois, qu'il y a des lieux, ou les colomnes avec leurs positions differentes, monstrent en elles mesmes diverses Mesures. Ce changement advient quand la Colomne est debour en vne Isle sans aucune autre Colomne davantage, ou sans piliers a l'assistance d'icelle, ces Colomnes portent grand poids, comme il est a veoir & se monstre en ceste Figure presentement signee de la lettre A. En cas qu'on la joigne a la paroy ou muraille estant aussi ronde, ceste muraille aidant a porter la colomne, on la peut faire plus haulte de la grosseur de la colomne, comme se void en l'exemple de la Colomne signee de B. & si l'on tire les deux tiers de la muraille, on la poutra faire encore plus haulte d'vne grosseur, & ainsi on en void en quelques Edifices jusques a neuf grosseurs & vne demye, cela se void au Colisee a l'ordre Dorique, ici monstré & signé a la colomne de C. & quand elles ont au costé des Pilastres, lors le poids vient pour la plus part sur ces Pilastres, & peut on alors faire la colomne bien gracieuse & delicate, voire autant que l'on la mettra plus pour ornement que pour la force encore peut on mettre vne colomne deux tiers hors de la muraille, & y poser a chasque costé vne demie colomne, par dessus lesquelles ceste colomne se pourra diriger en haulteur, comme l'exemple cy devant allegué monstre en la colomne D. Et si la colomne tenoit aucun poids sans aide d'autres colomnes lors il n'est nullement permis de sortir hors de ceste reigle, & si elles ont a tenir rangs sur rangs, on est contrainct de faire la colomne tant plus espesse, & si les colomnes sont assez haultes sans Stilobate, on les mettra dans l'ordre inferieur, mais sur le second & troisiesme rang ou ordre serviront les Pedestaulx fort bien pour la haulteur, tel rang ont tenu & bien observé les anciens Romains es Theatres & Amphithearres. Item le Project de la Colomne estant debout en hault ne peut sortir davantage, que la grosseur de la colomne d'embas, & le Project de la Base de la colomne sera appuyé sur le massif de son Pedestal, & estât posé la dessus, la colomne sera le quart moins, d'embas tant en haulteur comme en grosseur le project de la Base comme les Pedestaulx, ainsi que se void en la colomne signee de la lettre A. Et ce selon la doctrine de Vitruve se demonstre assez bien, mais si l'on ne vouloit tant amoindrir la colomne, on pourra faire le dessus de la colomne d'embas de la grosseur de la colomne inferieure en hault, l'exemple est en la colomne B. & ceste cy a esté faite au Theatre de Marcellus. Dans le Colisee les colomnes sont de l'Ionique, Corinthiaque, & Composees toutes d'une espaisseur, la Dorique est au deſſoubs environ d'une vingtieſme part plus groſſe, & cecy a cauſe de la haulteur de l'ouvrage. Mais ſi icelles fuſſent amoindries la quarte partie, le proſpect en hault fut tombé trop petit, de ceci l'exemple ſe void à la colomne C. Item ſi l'on veut faire des Edifices de moyenne ſorte eſtans de trois rangs, la meilleure reigle eſt de faire la quarte part moins ſelon la doctrine de Vitruve. Et combien que nous ayons icy mis en avant ces Figures ſelon l'ordre de la Dorique, ſi eſt ce toutesfois que l'on la peut faire en toutes ſortes de colomnes ſelon l'amoindriſſement ſufdit. dequoy les Figures vous donneront plus de ſatisfaction, &c.

Ainſi fait a la demande des bons Amis.

Imprime a Amſterdam l'An. 1617.

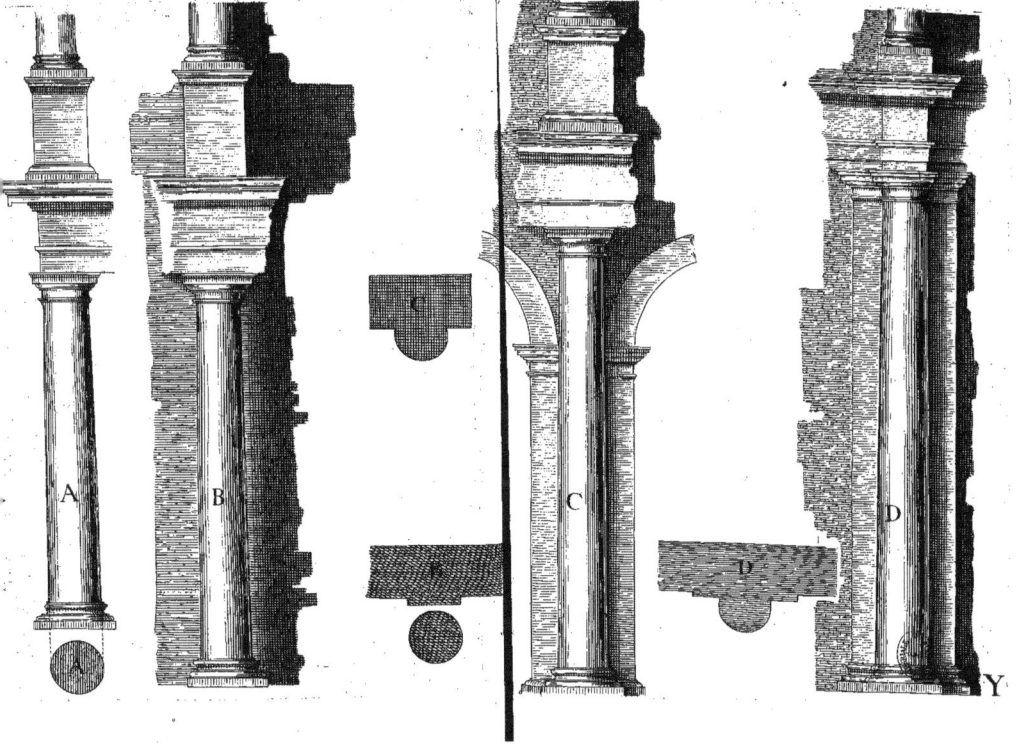

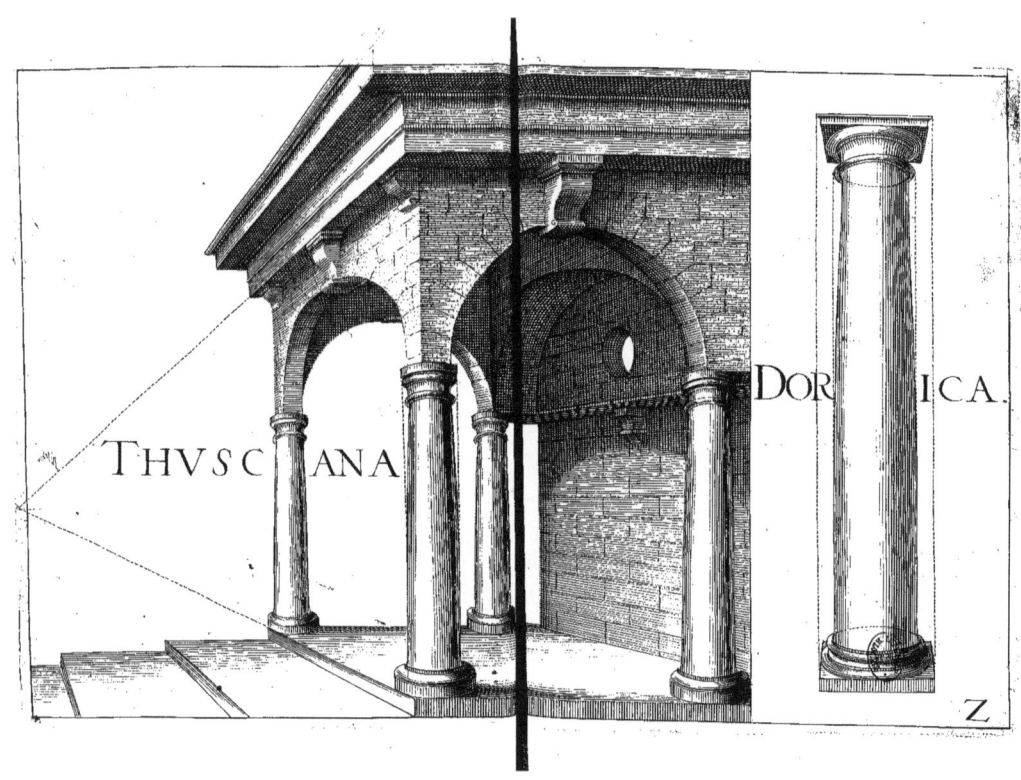

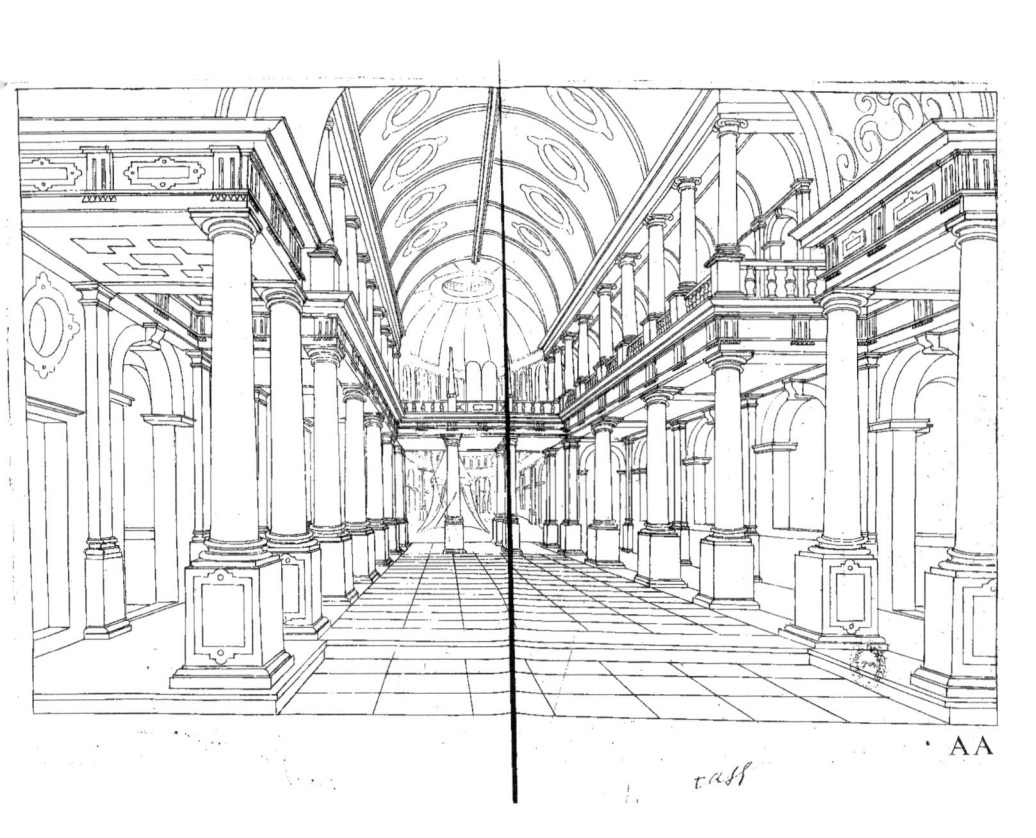

AA

IONICA

Joan. vredman inve/inven.

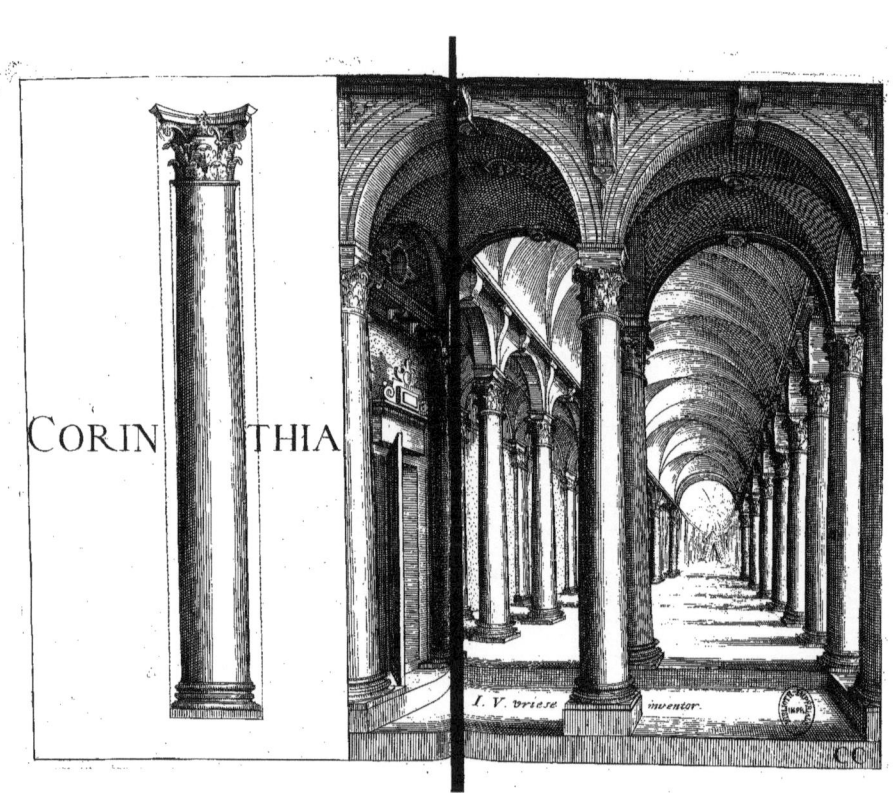

CORINTHIA

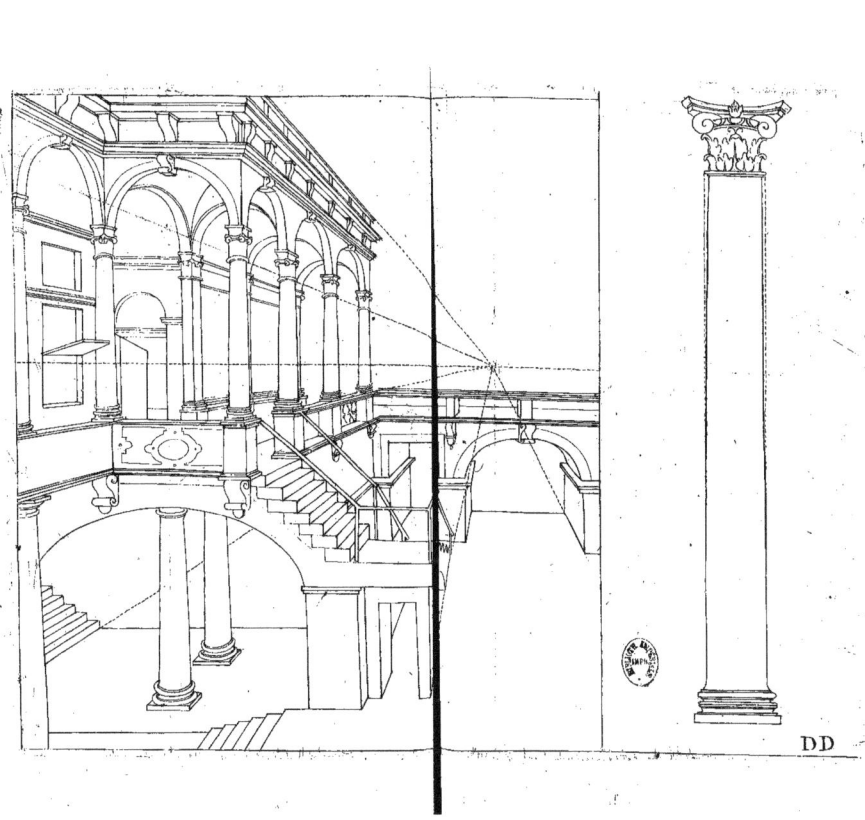

DD

COMPOSITA.

I. de vriese inventor.

Paul. vred. vriese Inventor.   THVSCANA.

P. V vriese invent.   IONICA. 3. DOR.   H ondius formis. Cum priuill. H H

Paul. de vriese Invent.   COMPOSITA. TACTVS.   H form. Cum privill. KK

CVBICVLVM INTROSPICIENTIBVS MODERNVM.

TEMPLVM intro-spicientibus modernum.

Templum Introspicientibus modernum. bour bondius sculpsit.

Templum Introspicientibus modernum. bour. bondius sculpsit.

Lightning Source UK Ltd.
Milton Keynes UK
UKHW051452181221
395825UK00011B/397